JN438255

하늘까지 뻗은 나뭇가지

시와문화의 시집 023

하늘까지 뻗은 나뭇가지

권정수 시집

시와문화

일본 나고야 하야가야 농장 근무시절, 우장춘 박사와 제자 장재진 (1943년). 원예 육종사업의 선구자 우장춘 박사는 1950년 귀국하여 제주도 귤재배 보급, 무 배추 오이 양파 양배추 등의 개량종자 개발을 하고 무엇보다 무병 씨감자를 보급해 전 국민의 식량난 해소에 큰 기여를 했다.

■시인의 말

나는 기억의 노래를
시작한다.
그리고 그 노래가
살아서 존재하면서
잠드는 것을 거들고 있다.

2017년 8월
권정수

|차 례|

제2부 대지를 닮은 바다

제3부 달빛에 여위다

제4부 무화과

영동 지역 최초의 하우스 멜론 재배.(1970년)

제1부
생각의 의자

우리가 꿈꾸는 것은 가 버리는 세월을 붙잡는 것이다.

까치설과 우리설

더 새로운 시간이 오고
결코 알려지지 않은 일 년
이에 대해 사람들로부터
동요가 적잖이 일어난다
사람들은 한 해씩 끊어
나쁜 기운들을 잘라 보내고
새로운 희망을 맏는다
또한 평등의 음식 떡국과
한 살을 더 먹는다
하지만 진짜 우리 설은
음력 정월 초하루다
달력은 이미 한 장 넘어간 상태,
이상과 현실이 이렇게 다른
두 개의 축제에 관해서
어떻게 그것이 서로 함께
가는지에 대하여 이야기를 한다

추억

우리는 이것을 두려워하지
그것은 가혹하고 생생하지
우리가 꿈꾸는 것은 가버리는
세월을 붙잡는 것이지
조금 꾸물거린다는 것은
얼마나 신나는 일인가
그러나
그것은 가까이 와 있었지
그것은 아침보다 저녁이
더 잘 보이지
추억은 그것들에게 색채를
입혀 주곤 하지

공

공허의 둥근 열매를 채운 손
이 텅 빔 안에는 거짓말이 있다
너는 꽃인가? 아니면 새인가?
너는 겨우 영이거나 아니면
절반은 공인가
돌려주고 돌려받는다
시험 삼아 던져진 공은
손들을 채우지 않는다
되돌아옴과는 다르게

빵

반쯤 풀린 손가락 안에
빵이 잡혀 있다
빵 안의 창자가 꼬인다
손의 갈퀴는 너무 힘이 세서
빵도 그 손아귀에 소스라친다
보들보들한 사지에도
고통과 같은 경련이 있다
빵은 비틀거리며 움푹한
손바닥 안에서 잠깐 망설인다
내가 이미 빵으로서 영원히
추하게 변형 혹은 왜곡됐을 때
너는 마치 빵과 같은 존재였다

구름

비가 내린다
하늘나라 먼 광장의 분수들이
물줄기를 뿜어내는 듯
아득한 곳에서 내린다
누울 자리를 찾는 사람이
둥지로 들어가듯 비밀스런
그 저녁 속으로 들어간다
구름들도 알고 있는 그곳에서 나는
그렇게도 일찍 잠자는 곡식들을
깨우는 비를 느끼고 난 후로
삶이라 일컫는 땅 위에서
귀 기울이고 있는 구름을 좋아하게 되었다

멜론

멜론이 풍선처럼 부풀어
잡히지 않는다
누구를 오롯이 품지 않았다
너를 따 먹었다고 말할 수 없다
너를 따는 낯선 그림자의 낯선 시선의
관찰 사이로 달아나는 너를 본다
네가 아무리 둥굴다 해도
너는 머리가 아니다
숨결도 없는 통통한 너의 심장은
그 소리 안에 살아남아
떨어진 꽃잎처럼 놓여 있다

이 나무는 학명이 피라칸다이며 원산지는 중국 운남성이다. 1967년 장재진이 일본으로 연수 갔다가 최초로 두 그루를 우리나라에 가져와 키우면서 많이 번식하여 전국으로 보급되었다. 현재는 우리나라 어디에서나 정원수, 가로수, 분재로 각광받고 있다.

골든타임

한 송이 목련의
의식 안에 있는 바다는
시간을 이해하지 못하네
시간이 자라고 있다는 것을,
시간은 어린아이인 것처럼 성장하지만
그 아이는 시간 속에 존재하지 않네

*세월호 추모 시

오일장

버스는 매 순간 쾅쾅 차문을 닫고
사람들은 새로 산 물건들을
힘들게 들고간다
하지만 장똘배기들은 삐기면서
그 자리에 있다
붉은 고무통 안에 잡혀 있는 대게가
하품도 하기 전에 오징어가 먹물을
뿜으며 몸을 쭉 뻗는다
길 모퉁이 난전에는 모양대로 잘려진 아귀가
제 신선한 안쪽을 보여주고 있다
죽은 것은 욕망과 행위로 가득 차 있다
하지만 더욱 애처로운 것은 우시장 말뚝에
묶여 있는 갓 젖뗀 새끼 짐승들이다
그 중에서 제일 의젓한 것은 송아지다
이것들을 끌고 가는 자들이
걸음을 옮길 때마다
이것들은 고개를 끄덕인다

잘못 지어진 집

외로운 집을 그 옛날 누가 지었는지,
대청마루가 높이 솟은 그 집에서
나는 갑자기 쫓겨난 것 같은 신세가 된다
정원에는 모든 미소들이 굳어 있다
색깔들도 모두 도망갔다
단지 핏빛 패랭이꽃 송이들만
책갈피에서 애원할 뿐…
그 집에서의 봄은 언제나 불안하다
여름은 탱자나무 울타리
뒤에서 열병을 앓는다
벚나무와 우물은 병들어 있다
오직 가을만이 그곳에서는 미움을
받지 않는다는 것을
느릿느릿 보여주고 있다
외로운 그 집은 잘못 지어진 집이다
왜냐하면 나는 그 집에 대해 더는
아는 바가 없으므로…

살구꽃

저만치 들판이 보이네요
몇 걸음만 다가가면 좋을 것이
잘 나누어진 가지에 다닥다닥 붙은
살구꽃을 볼 수 있거든요
가지들을 죄 쥐어 흔들어 놓으면
꽃들이 툭 툭 떨어지면서
튀어오를 듯 둥근 잘 익은 사과들에게
침대를 만들어 주지 않을까요

생각의 의자

관절이 아프니까 아버지가 생각난다
한때 아버지는 내게 좋은 의자였다
그 의자에 앉아 쪽잠을 자기도 하고
가슴팍에 벌레처럼 파고들기도 했다
나는 아버지를 오랫동안 놓아주지 않았다
아버지는 내게서 작아지고
나는 아버지에게서 커졌다
어느 날 아버지는 내게 간곡히 부탁했다
그래서 나는 아버지를 놓아드렸다
지금은 그 모습은 보이지 않지만
내 곁에 늘 그대로 있다
아버지는 내게서 죽음을 알고
나는 아버지에게서 삶을 알았다
우리는 서로를 고맙게 여기며
내가 손깍지를 끼고
오후의 창가에 서 있을 때
아버지는 그리로 의자를 밀어다 주셨다
창문을 열면 아버지가 다가오는 것 같다
나는 밖을 바라보며 아버지와 작별 인사를
나누고 뒤로 주저앉았다

주저앉아 종일 웅크린 채 누군가를 기다렸던
나도 하나의 아픈 의자였다
사람의 사랑도 의자 같아
누가 내 의자에 앉아 있으면
한번쯤은 아버지처럼 서로를
고맙게 여기는
생각의 의자로 남아 있을 것 같으니

오징어를 엮는 여자

어스름한 그 방은 아직도 여전히
일손을 놓지 못한다
희미한 불빛 아래서 관절염을 앓고 있는
늙디늙은 그녀가 엮어 놓은 오징어는
시든 꽃다발처럼 묶여 있으면서
이미 느슨해져
며칠째 시들어 있는 방 안의 꽃과 같다
그녀의 눈빛은 아주 피곤하고 삶에 지쳐 보인다
그녀의 손가락은 능수능란하게
오징어에서 오징어 둘레로 다발을 연결하고
또 작은 것은 속에 끼어 넣는다
그리고 여윈 손가락으로 차갑고 굳은
오징어를 만지작거리며
지난날들을 눈앞에 생생하게 그려 본다
모든 것이 너무 빨리 지나갔다
이제 아무도 그녀에게 귀 기울이지 않는다
그렇게 자신의 작은 방에서
회색빛으로 늙어갔다
단지 혼자 있을 때만
다시 젊어진 느낌이 들 뿐이다

정말로 그녀가 예전에 그랬는지,
갑자기 그녀는 반쯤 흐트러진 손에서
오징어를 쫓는다
그러나 이미 여윈 두 손에는
메말라버린 오징어가 꼭 쥐어져 있었다
두 손에 놓여 있는 수작업은
언제나 그녀를 묶고 있다

노동하며 노래 부르는 숲

숲의 소리는 하나의 노래다
소리가 살고 있는 키 큰 나무
우듬지에서 나지막한 소리를 들을 수 있다
군데군데 흩어진 소리들은
낮 시간이 지나면 가지런히 정돈된다
그리고 모든 소리들이 모여
강물 속으로 되돌아간다
강물이 계속 노래하는 동안 나무는
가지를 하나하나 만들고 있다
한 그루 나무가 된다는 것은 노동하는 것이
아닌 것처럼 느껴지므로 숲의 요정은
언제나 나뭇가지 천 개를 가지고 있었다
서로의 몸을 떠받치고 있는
잎이 없는 나뭇가지 사이로 햇볕을 쬐며
노래를 부르던 강물이
노래를 이고 오는 대낮이 될 즈음
가지들은 몸을 흔들며 서로 끼어들고
바짝 달라붙기도 하고 휘어지고
엎치락덮치락 요동치고 윙윙 노래 부른다

제2부

대지를 닮은 바다

장재진 씨로부터 식물 성격과 재배법을 설명 듣고 있는 학생들(1946년). 해방 직후부터 영동지방에서 선진 농업의 교육장(재진농장)이되었다.

황혼

삶이 마치 대합실 뒤에 있는 것처럼
이미 시작됐던 일들이 다시 출발점으로
되돌아가려고 합니다
우리의 낯선 삶 속으로 들어가는 길을
갈망하지만 숲은 시커멓게 등을 돌립니다
당신이 내게 건네주었던 선물들의
모든 아름다움을 거의 구별할 수 없습니다
일을 한 후 휴식이 즐겁지 않습니다
진정한 일을 하고 싶지만
해야만 하는 일이
이미 정해져 있습니다
세상이 달라 보인다고
우리는 말할 수 있습니다
이제 우리는 당신과 함께 불렀던 노래를
더 이상 부르고 싶지 않습니다
당신은 목동이고 우리는 양떼들입니다

능금나무

수많은 꽃잎들에는 피가 베어 있다
따뜻한 피가 베어있는 것들로 하여
세상은 돌아가지 않던가
오늘은 능금꽃이 활짝 폈다
나는 능금꽃을 바라보며 웃는다
아이는 까치발 들고 서서
능금나무와 함께 자란다
누나는 이따가 따는 능금 알이다

겨울 정원

한동안 정원은 불안하다
불안함 속에서 모든
가지들이 굳어진다
흰 눈은 이렇게 작은 정원에
여러 차례 내린다
봄이 언제 올 것인지
오래전에 이미 와 있는지
어떤 목소리도 깨어나지 않고
소식도 주지 않는다
외롭고 고통스럽게
기다리면서 시간은 간다
네가 우리에게
요구하는 것을 하도록
겨울은 바로 우리 앞에 있다

대지를 닮은 바다

노의 채찍에 맞고 잔물결이
큰 물결로 밀려올 때
너는 멀리서 그의 말
잔등을 느낀다
고삐는 위협적이지만 물결은
아득히 사라져 감에 대해
방관하고 있는 것은 아닌지
헤어짐을 이고 만남을 내려놓는
무한의 물결은 모두 그가 했던
대로 형상으로 밀려온다

강

흰 구름 하나 데리고
용이 생긴 이야기를 하면서
온종일 걸어서 온 산이 세상
구석구석 찬비 내리고
내가 마신 맥주 거품 끝으로
히죽히죽대며 들어오는 강
들어와서 다음날
내가 마신 술값을 치르고
기척도 없이 돌아가는 강

하늘까지 뻗은 나뭇가지

하늘 가고 난 다음에도
아버지는 나무를 심는다
나무 심는 버릇은 하늘 가서도
고쳐지지 않는다
나쁜 버릇이다
아버지라는 나무의 그 가지는
하늘까지 이르러 이미 꽃을 피웠다
하지만 그 가지는 한창 꽃들이
활짝 핀 가운데 지쳐버려
열매라고는 하나도
맺지 못할 것이다
어쩌면 아버지가 심은 나무
꼭대기들은 하늘을 마시는
아버지의 뿌리인지도 모른다

양파 종자 보관. 땅굴을 파서 짚과 인분을 적당한 비율로 섞어 열 효과를 내게 해 보관.(1967년)

갈대와 사람

풍경의 한 갈대에게 하나가 되어 있는
그는 자신의 운명을 가지고 삶의
불규칙한 몸을 흔들고 있으리라
갈대는 바람에 넘어지지 않는다
나무는 부러지거나 뿌리째 뽑힌다
뿌리가 혈연적인 사람은 비틀거리는
몸을 흔들며 갈대에게로 가서
서 있다가 갈대로 흔들린다
사람이 잠시 흔들렸던 자리에
갈대가 있었다는 증거인 것처럼
사람이 흔들렸던 자리는 처서가
지나고 나면 곧 지워지게 될 것이다
사람이 잠시 흔들렸을 뿐인 자리에
갈대가 다시 갈대가 되도록 기다리던
건너편에 앉아 있던 차분한 한 사람은
흔들렸다거나 였었거나 하지 않고
스스로의 거부에 메달려 있으리라
자기를 잡아줄 두 팔을 기다리며

더 추운 용정마을*

연못이 꽁꽁 얼어붙었다
연못가에는 청동색 오리들이
웅크리고 앉아 있다

허름한 판잣집들이 하나의
정원 안에 있는 것 같다
똑같이 지어진 일본식의 집
그 안에서
외로운 노래 소리가 들린다
내 영혼 깊숙이
서럽고 그리운 노래가 울린다
열병 걸린 용정 아낙에게는
폐병 걸려 죽은 아들에
노랫소리가 이렇게 들리리라.

*동해시 용정동

송정리 보름달

보들 보들하고 둥글게 밀빵을 해서
한 바구니 진일 경운기에 실려 보냈지
처서가 지난 후 다시 밭고랑에 갔을 때
만경대에 올라가 송정리 쪽을 바라보니
노쇠한 소나무 가지에
보름달이 걸려 있었지
나는 그게 틀림없이
아버지가 내가 보낸 밀빵을 배불리 드시고
고맙다며 제 몸속에 있던
달빛을 밖으로 꺼내 소나무 가지에
한 방울씩 떨어트려
얹어 놓은 것이라고 생각했지

시월 배롱나무

삶은 오래된 나무처럼 무겁다
배롱나무가 옷을 하나씩 벗는 모습이
마치 이별을 예감하는 아버지 앞에서와 같다
배롱나무가 벗어버린 것들은 가볍고도 무겁다
외투 짐 날개 등 모든 것을 벗어버린 배롱나무는
상아빛 피부를 회색빛 색채로 물들였다
고단한 그 표정은 그렇게 어두워져 갔고
빛바랜 입술은 그렇게 돌처럼 굳어 고양이
울음 소리에도 꿈쩍하지 않는다

분갈이

넓은 마당 곳곳에는 씀바귀가
잔디를 안고 실바람에
슬그머니 몸을 돌린다
무엇이 정원의 모란꽃을
활짝 웃게 하였는지
그 집 유리창들이 반짝거리다가
정원에 몸을 세운 종류석
가는 허리까지 잔광을 얹는다
종류석 옆을 돌아 높이로 서 있는
배롱나무 아래에서는
빨간 모자를 쓴 아기가
양분을 죄다 소진한 채
손가락을 빨며
분갈이 차례를 기다리고 있다
엄마는 축 쳐져 있는 아기를
화분에 옮겨 심으며
아가야 무럭무럭 자라거라
엄마 젖이 쿨 쿨 쿨 돈단다
네가 아프면 엄마는
젖몸살이 난단다

너의 옹알이를 알아 듣는 나처럼
너는 깊숙이 내 맘을 안다

명태

명태는 어딜 갔을까?
빨간 고무통에
아가미, 내장, 알집을
모양대로 떼어 두고
어딜 갔을까?
목이 작은 깍두기 항아리에
창란, 명란, 귀세미를
짭조름하게 절여두고
어딜 갔을까?
집 나간 명태를 데려오는 일은
내가 춘 삼월 황태를
방망이로 마구 두드리며
심사를 푸는 일이다
명태야 부탁이다
동해바다 해연풍에 업히거라
집에 가서 노가리나 까자

떼까마귀를 보며

떼까마귀들이 울음을 날리며
남하하고 있다
수많은 하나들의 맨발은
나뭇가지에도 있고
죽은 꽃대 위에도,
먼지 뽀얗게 뒤집어쓴 차 보닛에도
앞서가는 까마귀의 긴 그림자
속에도 있다
식물 같은 두 다리를 믿듯이
자기의 날개를 믿으며
허공을 타고 날고 있는
홀씨들처럼 먼지들을 흘리곤
먼지를 줍듯 밥알 하나하나
조심히 줍고 있다

제3부

달빛에 여위다

초창기 비닐하우스(1950년)

모성의 바다

바람과 햇빛과 싸움을 겨우 끝내고
젖어서 물이 되어 돌아온 바다
파도 속에서도 새끼를 키우며 돌아가지
않으려고 바다에서 자는 어머니
지난밤 수천 번 부대끼어, 새우 같은 아이야
갈비뼈에서 가야금 소리가 나서야 되겠니
젖을 물리던 은혜의 밤
반발씩 뒷걸음치는 관계를 약속하며
새벽과 화해하더이다

달빛에 여위다

영락없이 밤은 찾아오고
우리는 그림자 얼룩으로 돌아가는 것
다가오면 수줍은 듯 이끌거나
혹은 모질게 저며 놓은 날개에 실어
잠이 들어서도 꿈은 잠들지 않아요
당신들이 마련한 몇 척의 소박한 배는
몇 겹의 파도에 구겨지고
혼란을 기꺼이 들이마시는 법을 익혀
두둑한 심장의 바다와 함께
성장하기도 하지요
한 켠 그림자의 속살 방에
건조하지 않으면서도 고풍스러운
따스한 질감이 으스스 몸을 떨게 하고
모조리 비워 버리게 하는
달그림자 살내가 가득하지요

용추폭포*

어쩌면 자신의 형태에 대해
생각하고 있는지도 모르는 폭포.
전체인 폭포들 사이에서
흘러내린 수염이 가슴을 압도하는
신령스런 풍모를 가진 폭포
폭포는 자신의 본래의 심성에
암묵적인 보편성을 숨기고 있다
공정한 폭포, 전체를 연결시키는
폭포수는 서로 비슷한 모습을 하고
서로 맛 바꿀 수 있는 음직임을
촉발시킨다
마치 아래 계단을 밟으면 전체의
계단이 동요하기라도 하듯

*동해시 삼화동에 위치한 폭포

창작을 위하여

내가 내면의 풍경에 사로잡혀 오랫동안
고통스러워할 때 나는 먼지를
먼지 털이로 털어내는 것처럼
시를 쓰며 고통을 나 자신으로부터
털어내야 했다
내가 원했던 것이 나를 기쁘게 한다는 것을
알고 있기 때문이었다
내가 형용할 수 없는 고통 속에서
단숨에 치유되었다고 믿었을 땐
나는 병이 다 나아가는 사람처럼
내면에서 느끼는 풍경은 쇠락한 자연 속에
깨끗하게 치유된 화단을 간직하고 있었다
병은 답을 주지 않았다
그러나 치유 가능해진 어린 시절이
내 정신 속에 있었다

꽃과 나비

깨꽃에서 참꽃으로 붓꽃에서
제비꽃으로 가야
길이 열리는 처녀의 입술은
연분홍 꽃잎에 찍혀 있고
꺽치에서 넙치로 메기에서
버들치로 가야
강이 열리는 총각의 눈은
동그란 물고기 눈에 박혀 있네
그 꽃길을 따라가다 나는
그 나비의 그림자에 밀려
강가에 가서 빠지고 말았네

어느 봉분의 노래

나는 청명한 늦가을 내내 살고 있네
산 중턱에
그곳은 평지가 다 되어 찾아내기 어렵네
가끔 내게 무섭게 보이는 농가의 한 농부는
낫과 갈퀴를 들고 이곳을 지나가곤 하네
그때 내게 생각이 떠오르네
당신은 내가 한가롭게 풀을 베는 풍경이네
언젠가 산기슭으로 커다란 달이
똑같은 걸음으로 지나갈 때
나는 당신을 똑바로 볼 수 있었네
내가 사는 곳은 내딛는 짐승의
무리로 지붕이 뭉개져 흰 몸으로 그곳에
들어가면 망초 뿌리 사이로 안으로 굽은
한 그루 아카시아 나무가 무척 깊숙이
뿌리 내리고 있음이 틀림이 없네
가을바람이 풀 베는 네 어깨에
둘러멘 낫 사이로 스쳐 지나가듯
고통의 칼날 사이로
내 영혼이 부드럽게 스쳐 지나가네

장애물이 가득한 식사

붉은색 양념으로 끝나지 않는 치킨
병아리가 크는 동안
얼마나 많은 고기가 배분되는지
우리는 느끼네
5월에는 소시지가 품절될 것이라고,
어느 축제의 날
참을성 있는 닭들은 꼬치에 끼워져
황금색 갑옷으로 무장을 하고
설익은 과일들은
포도주처럼 무르익어야 하고
더욱 더 아름다운 접시에
몸을 펼쳐야 하네
세상은 온통 장애물이 가득한
이 식사에 흠뻑 빠져 있네

모내기

물 위에 실뿌리를 얹어 놓으니
실바람에 넘어질 모양새다
논이 뀐 방귀가 부글부글
끓어대니 순식간에
못 전체가 메워진다
모를 다 심고 나니
논은 마취에서
깨어난 듯 뻐근하다

누가 여겨주든 말든 이런 나무에 그런 열매를 맺게 하자.(1940년)

장재진 씨는 우장춘 박사의 소탈(고무신 박사로 통했다)한 성품과 선진 농업교육에 대한 열정을 배웠다 이를 바탕으로 그는 고향으로 돌라와 재진농장을 열어 농촌 개혁 운동에 박차를 가했다.

첫눈이 오기 전에

지상적인 것들이 갑자기
모두 제거된다
매 마른 잎들은 갓길에
모여들어 눈을 감고 있다
다만 고욤나무에 새치가
피는 것을 느낄 수 있다
귀가 빨간 너는
곧 하얀 어머니를 마중하게 된다
그렇게 되면 우리는 나란히 첫 눈이
쌓인 밤의 품에 널찍이 누워 있으리라

텃밭

허수아비인 양 서서 살필 거라면
씨는 왜 뿌려 놓았나요
쉽게 참외 서리도 좋겠지만
몇 걸음만 다가와서 보이지 않는
얼굴들을 보아 주세요
어느 축제일에
바람에 실려 날아온 수많은 날개 달린
미래의 씨앗들을 알게 될 거에요
그 씨앗들의 발아가 우리들에게
속해 있다는 것을요

사랑은 어디 있는가

어느 가을날이었던가
어느 꿈에 선가
당신을 본 적이 있네
당신은 정원을 걷고 있고
나는 손깍지를 끼고 창가에 서 있네
우리는 서로를 흐느끼고 있네
가을이어서인가
아니면 나뭇잎이 누렇게 물들고
빛이 바랬기 때문인가
그렇지 않네
내 신경계 속에 옛날의 길들이
나 있기 때문이네
짐승들이 지나다니고 발자국과
바퀴 자국 투성이가 되었을 때
모든 것이 내 가슴에서 떠났네
사랑은 어디 있는가
눈이 붉은 새 한 마리가
비스듬히 내려와 마른 가지에 앉아
어기차게 울고 있네

제4부
무화과

재래식 양봉 채취 작업.(1954년)

무화과

정갈한 뜰 한쪽에서 사랑스런 잠이
피어나고 있다
그 잠 속으로 남 몰래 들어간 그는
어깨와 무릎에 걸친 검은 옷을
껍질을 떼어내듯 벗어 던지고
발가벗은 그의 붉은 생각을
그 까만 머리 위에 놓았다
그러나 가련한 무화과는
그를 위해 결코 피지 않았다
한줄기 바람이 그림자처럼
덮쳐올 때 마다, 그 잠은 비에
젖은 듯 몸을 떨고 있다
그는 창문에 불과했다
바람의 옷을 만들어주는

11월의 밥상

11월이 밥상 가까이 다가오다 그만
가장자리에도 미치지 못하고
아래로 떨어졌네
행복의 가능성이 위에 있지 못하고
아래로 떨어졌네
영영 우리 곁을 스쳐 지나갔네
오직 노래만이 우리를 속일 수 있네
스스로 채운 그릇들은
뜨거운 요리에서 열기가 떠나가듯
떠나가야 하네
11월의 노래는 소멸 속에서도
이별이 주어져 있네 모든 것은 사라지네
그리고 후렴처럼 되돌아오네
우리의 접시들은 달그락거리지 않고
끼어들며 끼어든 공간에서 돌아오네
밥상 아래 떨어진 눈썹 두께는 아직도
눈썹 두개로 흘러 천년은 잠들지 못할 거네

열매 이야기

큰 숲이 작은 나무들을 뛰어넘으며
어머니 시절을 이야기합니다
깊어 가는 가을밤이 무거워서
빨갛게 밝힌 토끼 눈이랑
두런두런 늘어가는 형제들보다
튼실한 형은 작은 동생들 속에서
도 탑게 오롯하였으나 과즙을
맛보던 어떤 키 작은
아이는 늘 서운한 형에게서
떨어져 나가더라고
창백한 알맹이는 구제되지
못한 채 스스로 죽음을 재촉하는
까닭이기도 하더라고
중심은 어머니의 부분을
대신하고 있을 뿐
다음에 올 현실은 진땀이 나도록
등줄기를 후려대더라고

사진 속의 사람들

앞모습의 어떤 사람들
이마와 눈에 빛과 그림자의 기억을
담고 있는 사람들
흰 저고리에 흰 통치마를 입고 있는
그런 여자가 안고 있는 아이는
남자인지 여자인지 알 수가 없다
얼굴이 지워져서 나는 알 수가 없다
어찌 그리 질기고 질긴
오래된 기억 그대로인지

시한부

이승에서 살 수 있는
제 거리의 전부라는 것을
잘 아는 그는
비닐 장판에 지린 냄새로
제 영역을 알린다
그는 오늘도 경계 너머의
세상을 꿈꾼다

그 작은 등대 마을에 가면

그 작은 등대 마을에 가면
사람들은 밖으로든 안으로든
서른 채의 판잣집만 드나들 뿐이다
때때로 깊은 밤이면 갯바람이
어린 아이처럼 잠에서 깨어 살그머니
논골 담 길을 따라 더듬거리며
불어 와서는 주변에 귀를 기울인다
지친 담들은 더 이상 서로 구별되지 않아
반쯤 꿈에 잠겨 속삭인다…
누군가 이별을 알리는 듯 미풍을 타고
팔랑개비가 돌아간다
오전에 핀 나팔꽃은 모두 생각에 잠겨있다
이 언덕의 마지막 집. 이 나라의 끝 집인 양.
적적하게 홀로 서서 우는 한 시인이 있다
창백한 고독이 그의 촉촉한 눈을 향해
눈물이 흐르게 계속 말을 건넨다
그것을 언덕 위에 세운 것은 이 가난한 마을이
그들의 안전을 등대가 내려다보며
지켜 주었으면 했기 때문이다
그러나 바다가 그것을 더 높이 세울 수 있다

그래서 등대는 흰 갈매기처럼 세상의 끝에서
서로를 연모하듯 끼룩끼룩 울고
이제 불안한 판잣집들은 쳐다보지도 않는다
그저 바다만 바라볼 뿐 더 이상 밝게
등댓불을 켜지도 않는다

노인과 돌배나무

노인이 돌배가 무겁게 달린
과수원 안을 더듬으며
걸어간다
그 손길에 놀라는 잎들은
보면서
삽살개는 고집 센 삽살개는
멈춰선다
그 발길에 놀라는 담장 길을
따라서
이제 노인은 얼굴로 본다
하지만 저녁 바람은
그 얼굴에서 찾으려 한다
나는 얼굴을 하나의 주먹처럼
잔뜩 움켜쥐고자 한다

어찌 그리 질기고 질긴 기억 그대로인지…(1952년)

전원적 풍경

하루가 수고스럽고 값지다
흙이 털린 신발들이 수대로
짝을 지어 참나무 마루 밑에서
들밥을 담고 있다
마당에는 크고 작은 농기구들이
깨끗하고 고요히 서 있다
이따금 하얀 진돗개가
전원적 풍경을 방해한다
고집 센 진돗개를 쫓아 밖으로
담장 밖을 따라 거닐면 낯익은
정원 길에서 여러가지 꽃들을
볼 수도 있지만 깊은 믿음 속에서
다가오는 연인처럼
분명 장미꽃은 둘씩 짝 지어
사랑을 노래하고
하얀 백합꽃들은 그들의 순결한
향기로 나직이나직이 끼어들고
노오란 국화꽃은 이제 막 생긴
눈물들이 맺혀 있으리라
어제만 해도 이슬이었을…

사람은 나무를 만나 쉰다

사람은 나무를 만나 쉰다
사람이 나무를 만나 쉬는 동안
나무는 가지를 하나하나 만들어
딱딱한 껍질의 근육으로
지상의 삼층까지 뼈의 집을 짓는다
일층은 헝클어진 건축물의
뿌리가 균형 있게 퍼져 있다
뾰쪽한 삼층 꼭대기에서
하느님의 폭풍수염이 흔들리면
어린나무들은 이네 그것을 눈치채고
어머니의 품을 찾는다
줄기로 서로의 몸을 떠받치고 있던
나무들이 폭풍이다, 라고 겁먹은 듯
속삭이면 그 소리에 나뭇잎들은
엎치락뒤치락하며 끼어들고
요동치는 가지와 가지들,
어디에도 편안한 가지는 없다
한 치 옆 가지 하나가 주 욱 뻗어본다
하지만 가지들은 아직도 부러진다

유전자

아이가 넓은 종이 위에 나무
한 그루 그리고 있다
뿌리 없는 배가 바다에 떠 있다
엄마는 나뭇가지 하나를
잡아당긴다
아이가 품 안으로 파고든다
아이와 엄마는 서로 같은
유전자를 가지고 있다
나무와 종이는 서로 다른
유전자를 가지고 있다

가을의 끝

마지막 꽃이 떨어진다
둥근 눈을 가진 새는 이 사실에 놀라
그 길 끝에 걸린 다른 길로 떠난다
시각과 촉각이 교차하는 가운데
새의 그림자는 더욱 엷어진다
나는 창백한 땅 위에서 귀 기울이며
겨울이 오는 것을 굳게 믿는다
내 노래 소리의 듣는 귀를 느끼며…

옆으로 가는 그 사람

옆으로 가는 그 사람
그의 오른손이 왼손에게
자신을 도와달라고
손짓하는 것 같다
하지만 왼손은 오른손에게
협조하지 않는다
그리고 그의 왼발은
오른발에게 방향을 설정하라고
말하는 것 같다
하지만 오른발은 왼발에게
비협력적이다 그는.
중심 하나를 나르는 것 외에
아무것도 요구하지 못한다

전천강* 가에서

우리는 수천 번 거듭나는 것의 봄이다
우리는 수천 번 간다는 것의 노래다
모진 것 아래 뚫고 솟는
사색의 자리에
달래도 냉이도 씀바귀도
자신을 되풀이하는 것을
자랑스러워하는 것처럼 보인다
물소리 많이 유일하게 들려오는 나라
우리는 아직 들리지 않는
긴 호미 소리 주위에서 손을 약간 올린다
나는 전천강 가에서 그걸 보았다

*동해시 부평동에 위치한 강

참말로 당신들은 당신들이 어렸을 적 골목길에서 고무줄놀이 하던 사람들인가요?

공허롭기 짝이 없는 곳에 기쁨이 될 줄이야! 덕분에 고향을 찾는 이에게 꽃밭집이란 택호를 얻게 되었다지.(1940년)

조미료 수입 이젠 안녕! 한국 최초의 고추냉이 재배 성공.(재진농장 1946년) 외국산만 수입해오던 고추냉이(일명와사비)의 국내 생산이 가능하게 되었다.

지도자로부터 작물의 성격과 재배 방법을 설명 듣고 있는 대원들. 전국적으로 4-H가 활성화되기 전부터 선진농업을 시작하고 교육생을 길러냈다.

■해설

자연의 원초적 생명력을 담은 시

박 몽 구
(시인 · 문학평론가)

권정수 시인이 두 번째 시집을 엮는다. 그는 강원도 동해를 근거지로 삼아 활동하는 시인으로, 가공화된 도시적 정서가 아닌 살아 있는 자연과 묵묵히 자기 자리를 지키며 살아가는 영동 사람들의 정서를 꾸준히 시의 그릇에 담아온 사람이다. 뿐만 아니라 운명에 맡겨 살아가는 수동적인 삶이 아닌, 자신의 삶을 능동적으로 끌어가면서 사회적 모순을 해결해 가는 여성상을 담은 시들을 두루 보여준 바 있는 시인이다.

처녀 시집에서 권정수는 자아의 상처를 마다하지 않는 가운데서 그 품안에 든 사람들에게 넓은 세상을 열어놓는 여성성에 대한 자각을 주제로 삼은 시세계를 보여주었다. 이성을 향한 부정이나 투쟁적인 언어보다, 상처와 희생을 마다하지 않으며 그를 둘러싼 세계와 인간상에 풍요로움을 더하는 대지적 여성성 구현을 주제로 삼은 시편들을 다수 보여주었다.

이번 시집에서 권정수는 다시 새로운 변모를 보이고 있다. 시인의 삶의 토대를 이루어온 자연이 시의 소재로 대거 등장하는 한편, 단순히 소재로서의 자연에서 벗어나 그 가운데서 바른 삶의 길을 견인해내는 경지에 이르러 있음을 살펴볼 수 있다. 아름다운 자연을 노래하는 데서 나아가 이것을 파괴하는 인간의 욕망을 투시하는 안목을 풍부하게 담아내는 데까지 나아가고 있다. 즉, 아름다운 자연을 지키고 거기에서 인간다운 삶의 길을 읽어내는 생태주의적 사유를 주관심사로 다루고 있다.

즉, 그는 이번 시집을 통해 생태시의 진경을 펼치는 데까지 나아가고 있다고 볼 수 있다. 생태시는 환경오염 때문에 생겨난 생명체의 변화를 사실적으로 묘사하면서, 인간다운 삶의 조건의 확보를 분명하게 요구하는 주제를 담은 시이다. 자연의 아름다움을 향유할 수 있는 인간세계를 향한 희망을 작품의 밑바탕에 두고 있다고 말할 수 있다. 그는 민중의 자유와 인권을 억압하는 지배체제가 민중으로 하여금 자연의 아름다움을 느낄 수 없게 만들 뿐만 아니라, 시인으로 하여금 자연에 대한 서정적 예찬을 불가능하게 만든다는 사실을 고발한 것이다. 사회의 부조리가 개혁되지 않고서는 자연 속에서 아름다움을 향유하는 것도, 자연과 인간의 조화를 노래하는 것도 어려운 일임을 지적하였다고 할 수 있다.

자연에서 사람의 길을 읽다

흔히 생태시는 자연과 인간, 자연과 사회의 관계에 대한 비판적 인식으로부터 출발하지만 권정수의 시들은 아름다운 자연을 시의 공간으로 끌어들이고, 그 미학을 긍정적으로 펼치는 데서부터 시작한다. 즉 시인의 눈으로 발견한 우리가 지켜야 할 아름다운 자연을 제시하는 데서 시적 토대를 쌓는다.

멜론이 풍선처럼 부풀어
잡히지 않는다
누구를 오롯이 품지 않았다
너를 따 먹었다고 말할 수 없다
너를 따는 낯선 그림자의 낯선 시선의
관찰 사이로 달아나는 너를 본다
네가 아무리 둥굴다 해도
너는 머리가 아니다
숨결도 없는 통통한 너의 심장은
그 소리 안에 살아남아
떨어진 꽃잎처럼 놓여 있다

–「멜론」 전문

동네 과일가게에 가면 흔히 볼 수 있는 이국적인 과

일 '멜론'을 소재로 한 작품이다. 자연을 소재로 다루고 있는 작품임에도 불구하고 부드러운 정서 또는 계절 감각을 앞세우는 태도를 찾아볼 수 없다. 그와는 반대로 시인은 '너를 따 먹었다고 말할 수 없다/ 너를 따는 낯선 그림자의 낯선 시선의/ 관찰 사이로 달아나는 너를 본다'고 노래함으로써, 인간이 과일을 베어 먹는다 해도 그 원초적 생명력을 빼앗을 수 없다는 사유를 펼치고 있다. 나아가 뒷부분에서 '너는 머리가 아니다/ 숨결도 없는 통통한 너의 심장은/ 그 소리 안에 살아남아/ 떨어진 꽃잎처럼 놓여있다'고 노래함으로써 자연의 살아 있는 숨결과 생명력을 빼앗을 수 없으며 되려 우리에게 무한한 생명력을 환기하고 있음을 말해준다. 말하지 못하고 스스로 움직이지 못하는 과일에게 '숨결도 없는 통통한 너의 심장'이라는 활유을 입히는 것은, 작은 씨앗에서 발아하여 생명력 넘치는 알찬 열매로 성장하기까지 얼마나 소중한 생명력을 발휘해 왔는가를 강조하는 말이다.

이것은 질 들뢰즈가 무에서 유를 창조하듯 자라는 식물, 온갖 신난을 이기며 살아가는 동물, 어려운 악조건을 견디며 살아가는 인간을 '욕망하는 기계'라는 한 범주에 넣는 사유와 궤를 같이 한다.

위에 든 시들처럼 권정수는 자신을 둘러싼 자연을 시의 공간으로 곧잘 끌어들인다. 하지만 단순하게 정서를 순화하는 데 그치지 않고 그 내밀한 속성에 주목함으로써 그 안에 숨은 삶의 비의를 이끌어내는 데 부심하고 있다. 그는 꽃과 나무 등 개별적인 소재에 주목하기도 하지만 나아가 자신을 둘러싼 자연 환경을 비판의 눈으로 바라보면서, 그를 통해 참다운 사람살이의 철리를 이끌어내는 전략을 취하고 있다.

숲의 소리는 하나의 노래다
소리가 살고 있는 키 큰 나무
우듬지에서 나지막한 소리를 들을 수 있다
군데군데 흩어진 소리들은
낮 시간이 지나면 가지런히 정돈된다
그리고 모든 소리들이 모여
강물 속으로 되돌아간다
강물이 계속 노래하는 동안 나무는
가지를 하나하나 만들고 있다
한 그루 나무가 된다는 것은 노동하는 것이
아닌 것처럼 느껴지므로 숲의 요정은
언제나 나뭇가지 천 개를 가지고 있었다
서로의 몸을 떠받치고 있는
잎이 없는 나뭇가지 사이로 햇볕을
쬐며 노래를 부르던 강물이
노래를 이고 오는 대낮이 될 즈음
가지들은 몸을 흔들며 서로 끼어들고 바짝
달라붙기도 하고 휘어지고
엎치락덮치락 요동치고 윙윙 노래 부른다

–「노동하며 노래 부르는 숲」 전문

풍경의 한 갈대에게 하나가 되어 있는
그는 자신의 운명을 가지고 삶의
불규칙한 몸을 흔들고 있으리라
갈대는 바람에 넘어지지 않는다
나무는 부러지거나 뿌리째 뽑힌다
뿌리가 혈연적인사람은 비틀거리는
몸을 흔들며 갈대에게로 가서
서 있다가 갈대로 흔들린다
사람이 잠시 흔들렸던 자리에
갈대가 있었다는 증거인 것처럼
사람이 흔들렸던 자리는 처서가
지나고 나면 곧 지워지게 될 것이다
사람이 잠시 흔들렸을 뿐인 자리에
갈대가 다시 갈대가 되도록 기다리던
건너편에 앉아 있던 차분한 한 사람은
흔들렸다거나 였었거나 하지 않고
스스로의 거부에 메달려 있으리라
자기를 잡아줄 두 팔을 기다리며

–「갈대와 사람」 전문

함께 즐겁게 노동하며 자신에게 주어진 삶을 풍부하게 하며 이타행을 실천해가는 자연의 모습이 잘 드러난 시들이다. 시인이 소재로 택한 '숲에 사는 나무', '강가를 지키는 갈대'와 인간들이 하나같이 '노동'을 고리로 하여 연결되어 있다. 묵묵히 일을 해나감으로써 생명의 약동을 펼치고 이웃과 연대해 가는 삶을 꾸리는 존재라는 공통분모를 지니고 있는 셈이다. 시인은 그 같은 점에 주목하고 있다.

앞에 든 작품에서 시인은 '모든 소리들이 모여/ 강물 속으로 되돌아간다/ 강물이 계속 노래하는 동안 나무는/ 가지를 하나하나 만들고 있다' 고 진술하고 있다. 여기서도 '강물' 과 '나무' 역시 일을 하는 존재로 형상화되어 있다. 나아가 시인은 '한 그루 나무가 된다는 것은 노동하는 것이/ 아닌 것처럼 느껴지므로 숲의 요정은/ 언제나 나뭇가지 천 개를 가지고 있었다' 고 말한다. 여기서 '숲의 요정' 은 조물주, 즉 창조하는 자의 제유적 표현이다. '나뭇가지 천개' 는 따라서 그만큼 노동의 고통이 담겨 있는 산물을 은유하는 것으로, 무릇 모든 생명은 노동이라는 대가를 지불함으로써 얻어진다는 사유를 담고 있다.

뒤에 든 시에서도 역시 일하는 사람의 미학을 중심으로 시상이 직조되어 있다. 시인은 '뿌리가 혈연적인 사람은 비틀거리는/ 몸을 흔들며 갈대에게로 가서/ 서 있다가 갈대로 흔들린다' 고 말한다. 진술과 묘사가 잘 유화된 대목이다. 시인은 갈대가 흔들린다는 것은 제자리를 지키기 위한 지난한 몸부림이라는 데 주목하고 있다. 시인은 '뿌리가 비틀거리는' 사람과 '흔들리는 갈대' 를 은유의 고리로 연결함으로써 곧은 길을 편하게 가기보다 흔들리기 마련이 삶의 도정을 투시하고 있다. 여기서 시인은 '흔들림' 을 제자리를 지킬 수 없이 어려움에 직면한 인간의 견디는 상황으로 제시하고 있다. 시인은 이 작품의 결구에 '흔들렸다거나 였었거나 하지 않고/ 스스로의 거부에 메달려 있으리라/ 자기를 잡아줄 두 팔을 기다리며' 라는 구절을 배치함으로써, 흔들림은 단독자만으로는 극복되는 것이 아니며 누군가 두 팔을 뻗어 '잡아줄' 사람이 있어야 한다고 힘주어 말하고 있다. 모름지기 인간은 삶의 멍에를 함께 짊어지고 또 나아가 어려울수록 연대하여 함께 난관을 헤쳐 나가야 한다는 사유를 깊이 간직하고 있다.

하늘 가고 난 다음에도
아버지는 나무를 심는다
나무 심는 버릇은 하늘 가서도
고쳐지지 않는다.
나쁜 버릇이다
아버지라는 나무의 그 가지는
하늘까지 이르러 이미 꽃을 피웠다
하지만 그 가지는 한창 꽃들이
활짝 핀 가운데 지쳐버려
열매라고는 하나도
맺지 못할 것이다
어쩌면 아버지가 심은 나무
꼭대기들은 하늘을 마시는
아버지의 뿌리인지도 모른다

–「하늘까지 뻗은 나뭇가지」 전문

수많은 꽃잎들에는 피가 배어 있다

따뜻한 피가 배어 있는 것들로 하여
세상은 돌아가지 않던가
오늘은 능금꽃이 활짝 폈다
나는 능금꽃을 바라보며 웃는다
아이는 까치발 들고 서서
능금나무와 함께 자란다
누나는 이따가 따는 능금 알이다

–「능금나무」 전문

자연에서 인간다운 삶의 철리를 담은 시편을 골라 보았다. 이 시집의 표제작이기도 한 첫 번째 시에서는 나무의 미덕을 꼼꼼히 들여다보면서 그로부터 부모 세대의 마음을 견인해 내고 있다. 도입 부분에서 시인은 '하늘 가고 난 다음에도/ 아버지는 나무를 심는다' 라고 노래함으로써, 아버지 세대가 유한한 생명에 그치지 않고 그 정신적 유산을 대를 이어 넉넉하게 해나간다는 사유를 함축하고 있다. 시인은 뒷부분에서 '그 가지는 한창 꽃들이/ 활짝 핀 가운데 지쳐버려/ 열매라고는 하나도/ 맺지 못할 것이다/ 어쩌면 아버지가 심은 나무/ 꼭대기들은 하늘을 마시는/ 아버지의 뿌리인지도 모른다 '라고 노래함으로써, 아버지 세대는 비록 그 열매를 거두지 못하지만 파란 하늘이 곧 아버지라는 은유를 통해, 뒷세대에 활짝 열린 전망을 선물하고 있다는 인식을 형상화하고 있다. 이를 통해 시인은 아름다운 자연은 유형의 자신을 넘어 인간들이 대를 넘어

전승해가는 가장 큰 무형의 자신이라고 분명하게 말하고 있다. 기법적으로도 직설을 피하면서 '나무'를 환유로 하여 유연하고 깊은 사유를 이끌어낸 작품이다.

뒤에 든 시에서는 그 같은 사유가 더욱 단단하게 농축되어 있다. 시인은 '수많은 꽃잎들에는 피가 배어 있다/ 따뜻한 피가 배어 있는 것들로 하여/ 세상은 돌아가지 않던가'라고 노래함으로써, 능금으로 제유된 자연과 인간은 합일하여 아름다운 결실을 맺는다고 말한다. 뒷부분에 제시된 '아이는 까치발 들고 서서/ 능금나무와 함께 자란다/ 누나는 이따가 따는 능금 알이다'는 진술은 자연의 섭리에 조응하여 인간의 성장도 이루어진다는 사유를 선명하게 각인해 놓고 있다.

이렇듯 권정수는 자연을 단순히 묘사하거나 정서적 대상으로 삼는 데서 벗어나 그 가운데 숨은 철리를 바탕으로 참다운 사람살이의 길을 읽어내는 데 부심하고 있다. 이 같은 유형에 드는 시로는 「시월 배롱나무」, 「분갈이」, 「꽃과 나비」, 「노인과 돌배나무」 등 적잖은 몫을 차지하고 있다.

삶 주변 소소한 정경에서 진실을 읽다

이와 함께 이번 시집에서 권정수가 즐겨 다루는 소재는 삶 주변의 소소한 정경이다. 먼 데서 소재를 구하지 않고 시인이 늘상 접하고 있는 일상의 사건들을 시의 공간으로 끌어들여 그 안에 숨은 의미들을 이끌어내고 있는 모습이 이채롭다. 시는 특별한 경험, 비일상적인 데 존재한다는 고정관념을 송두리째 뒤집는 전복적 사고에 바탕해 있다. 이것은 비시적인 것에서 시를 발견하는 현대시의 기법과도 일맥상통하는 사유이다. 이를 통해 시인은 사람살이의 때가 배인 소재에 친근하게 접근하는 한편 의미의 위계는 한층 깊게 하여, 독자들에게 새로운 의미를 환기시키는 효과를 거두고 있다.

그 작은 등대 마을에 가면
사람들은 밖으로든 안으로든
서른 채의 판잣집만 드나들 뿐이다
때때로 깊은 밤이면 갯바람이
어린 아이처럼 잠에서 깨어 살그머니
논골 담 길을 따라 더듬거리며
불어 와서는 주변에 귀를 기울인다
지친 담들은 더 이상 서로 구별되지 않아
반쯤 꿈에 잠겨 속삭인다…
누군가 이별을 알리는 듯 미풍을 타고
팔랑개비가 돌아간다
오전에 핀 나팔꽃은 모두 생각에 잠겨 있다
이 언덕의 마지막 집. 이 나라의 끝 집인 양.
적적하게 홀로 서서 우는 한 시인이 있다
창백한 고독이 그의 촉촉한 눈을 향해
눈물이 흐르게 계속 말을 건넨다
그것을 언덕 위에 세운 것은 이 가난한 마을이

그들의 안전을 등대가 내려다보며
지켜 주었으면 했기 때문이다
그러나 바다가 그것을 더 높이 세울 수 있다
그래서 등대는 흰 갈매기처럼 세상의 끝에서
서로를 연모하듯 끼룩끼룩 울고
이제 불안한 판잣집들은 쳐다보지도 않는다
그저 바다만 바라볼 뿐 더 이상 밝게
등댓불을 켜지도 않는다
–「그 작은 등대 마을에 가면」 전문

하루가 수고스럽고 값지다
흙이 털린 신발들이 수대로
짝을 지어 참나무 마루 밑에서
들밥을 담고 있다
마당에는 크고 작은 농기구들이
깨끗하고 고요히 서있다
이따금 하얀 진돗개가
전원적 풍경을 방해 한다
고집 센 진돗개를 좇아 밖으로
담장 밖을 따라 거닐면 낯익은
정원 길에서 여러 가지 꽃들을
볼 수도 있지만 깊은 믿음 속에서
다가오는 연인처럼
분명 장미꽃은 둘씩 짝지어
사랑을 노래하고
하얀 백합꽃들은 그들의 순결한
향기로 나직이나직이 끼어들고
노오란 국화꽃은 이제 막 생긴

눈물들이 맺혀 있으리라
어제만 해도 이슬이었을…

–「전원적 풍경」 전문

앞에 든 작품에서 시인은 등대를 바다 너머 먼 이국에 대한 동경이라 표상을 넘어, 이 시대를 살아가는 사람들을 지켜주는 정신적 푯대로 인식하고 있는 걸 살펴볼 수 있다. 첫 대목에서 시인은 '그 작은 등대 마을에 가면/ 사람들은 밖으로든 안으로든/ 서른 채의 판잣집만 드나들 뿐이다' 라는 정경을 제시하고 있다. '등대' 와 '팟잣집' 의 대비를 통하여 이 시대의 민초들이 기대하는 것은 단순한 동경이 아니라, 쇠락한 현실의 삶을 든든하게 지켜줄 푯대임을 암시하고 있다. 전개부분을 통해 시인은 그 같은 정서를 구체적으로 제시하고 있다. 즉 '이 언덕의 마지막 집. 이 나라의 끝 집인 양./ 적적하게 홀로 서서 우는 한 시인이 있다/ (중략) / 그것을 언덕 위에 세운 것은 이 가난한 마을이/ 그들의 안전을 등대가 내려다보며/ 지켜 주었으면 했기 때문이다' 라고 말하는 것은 갈망의 표현이다.

하지만 이 시를 통해 드러난 시인의 전망은 어둡다. 시의 끝부분에 '이제 불안한 판잣집들은 쳐다보지도 않는다/ 그저 바다만 바라볼 뿐 더 이상 밝게/ 등댓불을 켜지도 않는다' 라는 구절을 배치한 것은 정신적 푯대가 사라진 시대상에 대한 묵시이다. 시인은 결국 이국 정취로서의 등대가 아닌, 보호장치와 전망이 사라진 시대를 넘어 밝은 내일이 열리기를 바라는 간절한 소망을 노래하고 있다.

뒤에 든 시에서도 목가적인 풍경이 사라진 우리 시대의 농촌을 묵시하고 있다. 첫 대목에 제시된 '하루가 수고스럽고 값지다/ 흙이 털린 신발들이 수대로/ 짝을 지어 참나무 마루 밑에서/ 들밥을 담고 있다' 는 구절을 그 같은 정서의 반영이다. '흙', '신발', '들밥' 등의 사물언어를 통하여 전원은 목가적인 풍경이 아닌 수고로움과 치장이 아닌 힘든 일들로 점철되어 있음을 말하고 있다. 시인은 나아가 '하얀 백합꽃들은 그들의 순결한/ 향기로 나직이나직이 끼어들고/ 노오란 국화꽃은 이제 막 생긴/ 눈물들이 맺혀 있으리라' 라고 지적한다. 이 대목에서 '순결' 과 '눈물' 의 대비를 통해 참다운 전원 생활을 꾸려간다는 것은 화려한 겉보기를 넘어, 고통과 지고한 인내를 수반하는 일임을 암시하고 있다.

이 같은 사유와 맥을 같이 하는 시편들은 「사진 속의 사람들」, 「11월의 밥상」, 「어느 봉분의 노래」 등을 더 꼽을 수 있는데. 하나같이 잔잔하면서도 의미는 심상치 않은 작품들이다.

바른 사람살이를 자향하는 생태주의

1964년 '사회 생태주의' 라는 용어를 처음으로 제안한 미국의 철학자 머레이 북친은 '현 시대의 생태문제는 사회문제로부터 파생되었다. 생태 문제는 곧 사회문제와 다르지 않' 다고 주장한 바 있다. 즉, 아름다운 자연을 지키고 가꾸는 일은 사람살이에 알맞는 사회환경을 조성하는 일과 다르지 않다는 것이다. 왜곡된 인간 욕망의 구조를 개혁할 때 자연은 생명의 약동을 보이며 사람살이도 더욱 건강하고 풍요로워진다는 것이다.

권정수의 이번 시집에서도 이 같은 생태계 파과와 교란에 가슴 아파하고 조물주의 창조 정신에 걸맞는 아름다운 자연을 회복하고자 하는 갈망은 주요한 모티프가 되고 있다. 특히 동해라는 대자연을 거느리고 사는 시인으로서는 생명의 원천인 바다의 자연 파괴와 생명의 고갈 현상은 가장 마음에 와 닿는 소재가 되고 있다. 인간의 욕망으로 아파하고 상처를 드러낸 자연에 대한 마음으로부터의 반성과 회복을 염원하는 주제가 그의 시세계를 일관하고 있다고 해도 좋을 것이다.

명태는 어딜 갔을까?
빨간 고무통에
아가미, 내장, 알집을
모양대로 떼어 두고
어딜 갔을까?
목이 작은 깍두기 항아리에
창란, 명란, 귀세미를

짭조름하게 절여두고
어딜 갔을까?
집 나간 명태를 데려오는 일은
내가 춘 삼월 황태를
방망이로 마구 두드리며
심사를 푸는 일이다
명태야 부탁이다
동해바다 해연풍에 업히거라
집에 가서 노가리나 까자.

—「명태」 전문

영락없이 밤은 찾아오고
우리는 그림자 얼룩으로 돌아가는 것
다가오면 수줍은 듯 이끌 거나
혹은 모질게 저며 놓은 날개에 실어
잠이 들어서도 꿈은 잠들지 않아요
당신들이 마련한 몇 척의 소박한 배는
몇 겹의 파도에 구겨지고
혼란을 기꺼이 들이 마시는 법을 익혀
두둑한 심장의 바다와 함께
성장하기도 하지요

—「달빛에 여위다」 부분

붉은색 양념으로 끝나지 않는 치킨
병아리가 크는 동안
얼마나 많은 고기가 배분되는지
우리는 느끼네
5월에는 소시지가 품절될 것이라고,

어느 축제의 날
참을성 있는 닭들은 꼬치에 끼워져
황금색 갑옷으로 무장을 하고
설익은 과일들은
포도주처럼 무르익어야 하고
더욱 더 아름다운 접시에
몸을 펼쳐야 하네
세상은 온통 장애물이 가득한
이 식사에 흠뻑 빠져 있네

–「장애물이 가득한 식사」 전문

앞에 든 시의 첫 대목은 '명태는 어딜 갔을까?/ 빨간 고무통에/ 아가미, 내장, 알집을/ 모양대로 떼어 두고/ 어딜 갔을까?' 라고 설유함으로써, 명태의 고갈을 초래한 동해의 황폐함을 환기시키고 있다. 수천년래 우리 밥상의 진객이었던 명태가 동해에서 사라진 것은 단순히 남획을 넘어 인간의 자연 파괴와 긴밀하게 연결되어 있음은 물론이다. 나아가 시인은 '집 나간 명태를 데려오는 일은/ 내가 춘삼월 황태를/ 방망이로 마구 두드리며/ 심사를 푸는 일이다' 라고 노래한다. 강원도 대관령 등 산간마을에서 말리는 황태는 근해 산이 아닌, 러시아 등 외국의 먼 바다에서 잡힌 것들이라고 한다. 시인은 '방망이로 (황태를) 마구 두드' 린다는 전통적인 여인네의 삶을 원형적 상징으로 제시함으로써, 무형의 가치가 파괴되면서 문명의 오염으로 황폐해진 우리네 삶을 비판적으로 주시하고 있다.

두 번째 시에서 시인은 밤으로 낮으로 바꾸어 가는 동해 어부들의 삶을 가리켜 '잠이 들어서도 꿈은 잠들지 않'는다고 말한다. 이 같은 지고한 노동 덕분에 우리네 식탁을 넘어 사람살이에 풍요로움이 더해졌으리라. 그런데 시인은 그 같은 동해 사람들의 삶이 제 궤도를 벗어난 데 주목하고 있다. 어부들의 삶을 가리켜 '당신들이 마련한 몇 척의 소박한 배는/ 몇 겹의 파도에 구겨지고/ 혼란을 기꺼이 들이 마시는 법을 익혀/ 두둑한 심장의 바다와 함께/ 성장'한다고 지적하면서, 자연과 함께 울고 웃는 삶의 회복을 기원하고 있다.

세 번째 시를 통해 자연과 함께 나누는 삶의 결실이 고갈되면서 비인간적인 양식과 가공식품으로 넘치는 우리들의 식탁의 살풍경한 모습을 제시하고 있다. 시인은 첫 대목에서 '붉은색 양념으로 끝나지 않는 치킨/ 병아리가 크는 동안/ 얼마나 많은 고기가 배분되는지/ 우리는 느끼네'라고 노래함으로써 혼례 한번도 치르지 않은 병아리들이 급속한 양계를 통해 우리네 식탁에 넘치는 과정을 비판하고 있다. 이어서 자연과 공존하며 살아가야 한다는 철리를 망각한 인간들이 즐기고 있는 식사 풍경을 시인은 이렇게 묘사한다. 즉 '5월에는 소시지가 품절될 것이라고,/ 어느 축제의 날/ 참을성 있는 닭들은 꼬치에 끼워져/ 황금색 갑옷으로 무장을 하고/ 설익은 과일들은/ 포도주처럼 무르익어야 하고/ 더욱 더 아름다운 접시에/ 몸을 펼쳐야 하' 는 살풍경을 제시하고 있다. '황금색 갑옷', '설익은 과일' 등의 시어를 통하여 본말이 전도된 인산의 식습관이 자연의 질서를 파괴하고 나아가 사람살이의 아름다움을 송두리째 뒤흔든다는 것을 지적하고 있는 셈이다. 시인은 결구에 '세상은 온통 장애물이 가득한/ 이 식사에 흠뻑 빠져있네' 라고 배치함으로써 그 같은 장애와 불구로부터 빠져나와 자연과 공존하는 것만이 인간다운 삶을 회복하는 길임을 묵시하고 있다. 「빵」, 「떼 까마귀를 보며」, 「분갈이」, 「무화과」 등 일련의 시편들이 같은 사유의 맥락을 갖고 있다.

권정수는 이번 시집을 통해 그의 생거지인 동해를 중심으로 파괴되어 가는 생태의 모습을 생생하게 시의 공간으로 끌어들이고 있다. 그는 단순한 고발을 넘어 앓고 있는 자연을 함께 아파하고 나아가 원형적인 상징을 통해 인간과 자연이 서로 아름답게 어울리는 세상의 회복을 염원하고 있다.

하지만 그는 거창한 구호나 거대 담론으로 생태 파괴를 비판하기보다, 그가 몸담고 있는 삶에 대한 소소한 접근을 통해 그 같은 미학을 제시하고 있다. 동해를 중심으로 펼쳐지는 어부들, 그리고 함께 살아가며 공동체를 이루는 동해 사람들의 소소한 삶이 그의 시 속에는 자연스럽고 아름답게 녹아 있다. 그렇게 함으로써 자연의 상처를 하루 속히 치유하고 인간다는 삶의 공간을 회복해야 한다는 메시지를 더욱 설득력 있게 제시하고 있다.

그의 추구하는 시는 서정시를 주축으로 하고 있으면서도, 단순히 자연을 소재로 차용하거나 찬미하는 데서 나아가, 아름다운 자연의 회복이 곧 인간적인 가치의 회복이라는 정서를 육화해 보여주고 있다. 그런 점에서 이번 그의 시집은 서정시의 본령에 한 걸음 더 나아간 진경을 보이고 있다 하겠다.

그가 이번 시집을 통해 보여준 자연과 인간의 관계 설정을 통한 서정시의 정신은 동해와 함께 살아가는 시인만이 거둘 수 있는 독톡한 세계이다. 그가 이번에 구축한 이 같은 생태주의적 사고에 바탕한 서정시의 구축에 공감하면서, 그의 시세계가 더욱 단단해져 모쪼록 우리 시의 체질을 변화시키는 한 지렛대가 되기를 바란다.

하늘까지 뻗은 나뭇가지

찍은날 2017년 8월 10일
펴낸날 2017년 8월 20일
지은이 권정수
펴낸이 박몽구
펴낸곳 도서출판 시와문화
주 소 (13955) 경기 안양시 동안구 경수대로883번길 33,
103동 204호(비산동 꿈에그린아파트)
전 화 (031)452-4992
E-mail poetpak@naver.com
등록번호 제2007-000005호 (2007년 2월 13일)

ISBN 978-89-94833-31-6(03810)

정 가 10,000원

*이 시집은 강원문화재단의 전문예술창작지원 기금을 받아 제작되었습니다.